Jörg Willems – Prüfungsangst? Nein Danke!

AF221097

Jörg Willems

Bibliografische Information der Deutschen Nationalbibliothek: Die Deutsche Nationalbibliothek verzeichnet diese Publikation in der Deutschen Nationalbibliografie; detaillierte bibliografische Daten sind im Internet über http://dnb.dnb.de abrufbar.

Herstellung und Verlag: BoD – Books on Demand GmbH, Norderstedt

ISBN: 978-3-7519-7088-4

Alle hier genannten Tipps, Empfehlungen und Hilfen, um Prüfungsangst zu stoppen sind Orientierungshilfen. Sie dienen lediglich dem Zwecke der Aufklärung und Bildung. Sie ersetzen auf keinen Fall die Beratung durch einen Arzt oder andere Fachleute wie z.B. Psychologen oder Physiotherapeuten.

Der Inhalt versteht sich deshalb nicht als Ersatz für eine ärztliche Beratung, Diagnose oder Behandlung. Holen Sie bei allen Fragen zu diesem Thema, insbesondere bei großen Ängsten, immer auch den Rat Ihres Arztes oder anderen geschulten psychologischen Fachpersonals ein.

Als Leserin und Leser dieses eBooks, möchten wir Sie ausdrücklich darauf hinweisen, dass keine Erfolgsgarantien oder Ähnliches gewährleistet werden kann. Auch kann keinerlei Verantwortung für jegliche Art von Folgen, die Ihnen oder anderen Lesern im Zusammenhang mit dem Inhalt dieses Buches entstehen, übernommen werden.

Der Leser ist für die aus diesem Buch resultierenden Ideen und Aktionen (Anwendungen) selbst verantwortlich.

Inhalt

VORWORT

Millionen Deutsche leiden

Prüfungsangst ist ein weit verbreitetes Phänomen. Allein 40 Prozent der Studenten kämpfen mit starker Prüfungsangst. Gerade erst hat das Deutsche Studentenwerk, der Bundesverband von 58 Studentenwerken, in einer Studierenden-Befragung festgestellt, dass insbesondere Bachelor-Studenten deutlich mehr Schwierigkeiten mit den Prüfungen und Leistungsanforderungen im Studium haben als ihre Kommilitonen in anderen Studiengängen. Jeder zweite Student mache sich demnach Sorgen, das Studium überhaupt zu schaffen. Der aktuelle Studierenden-Survey der Bundesregierung zeige deutlich, wie sehr Studenten studienbegleitende, nicht fachbezogene Beratung bräuchten – vor allem zum Umgang mit Prüfungen.

Prüfungsangst ist nämlich heilbar – die gute Nachricht!

Nach jahrelangem Einsatz von viel Zeit und Energie steuert nun alles auf den einzigen finalen Punkt zu, der mit Anspannung bis zu Panik überfrachtet wird. Starke Prüfungsangst hindert einen daran, den erlernten Stoff auch optimal abzurufen.

Und damit noch nicht genug, geht für sie das beängstigende Schaulaufen um einen Job nach dem Studium weiter. Mit feuchten Händen, Herzrasen, Übelkeit, stockendem Atem bis hin zum Blackout kämpfen die Anwärter in Bewerbungsgesprächen, Auswahlverfahren und Präsentationen. Manche legen das nie ab, und jedes Gespräch vor dem Chef treibt ihnen den Schweiß auf die Stirn oder verklebt ihnen den Mund.

Aber: Was man einmal erlernt hat, kann man sich auch wieder abgewöhnen – je früher umso besser.

Nicht nur die Prüfungen an Universitäten sind es, die Angst auslösen, sondern in Schule und Sport, beim Führerschein und im Beruf, bei Fortbildung und Qualifikation. So leiden zunächst einmal Millionen Deutsche unter Prüfungsangst.

Das Erstaunliche daran ist aber: Prüfungsangst kann auch positiv sein. Ja, Sie haben richtig gehört. Denn sie kann grundsätzlich auch die eigene Leistungsfähigkeit steigern. Der Kandidat unter Prüfungsangst entwickelt ein erhöhtes Erregungsniveau. Dies steigert die Konzentration, Aufmerksamkeit und Energie. Also, Prüfungsangst muss nicht in jedem Fall auch gleich negative Auswirkungen haben.

Und es gibt noch ein weiteres erstaunliches Phänomen: Selbst Prüfer können Prüfungsangst entwickeln, wenn sie zum ersten Mal eine Prüfung abnehmen oder zusammen mit (erfahreneren) Kollegen prüfen.

Prüfungsangst hat ein **weit gefächertes Spektrum**. Nicht nur Studenten leiden unter ihr. Wir begegnen so **vielen Prüfungen** im Leben: die Klassenarbeit, das Abitur, die Führerscheinprüfung, das Sportabzeichen, Seepferdchen, Schwimmprüfung, Gesellenprüfung, Examen, Zwischenprüfungen, Referate, Klausuren, musikalische Auftritte, Präsentationen, Vorträge, Meisterprüfung, Flugschein, Angelschein, Jagdprüfung oder Bootführerschein, um nur einige zu nennen. Die Prüfungsangst in Erwartung dieser Tests kann Leistungsfähigkeit und auch schon die Lernfähigkeit selbst massiv durchkreuzen.

Meistens beginnt Prüfungsangst zwischen dem achten und dem elften Lebensjahr, wenn die ersten schulischen Leistungen mit Noten oder sportliche Übungen im Verein bewertet werden. Sie kompromittieren quasi das Selbstwertgefühl, das auf sportlicher und geistiger Leistungsfähigkeit beruht.

Gegen Prüfungsangst gibt es eine Menge Hilfen: von der inneren Gelassenheit, Entspannung und guten Kenntnis der Materie bis hin zu Naturheilmitteln, Pillen und gezielten Übungen. Hier in diesem eBook erfahren Sie viel über und gegen Prüfungsangst. Es kann Ihnen souverän durch alle Prüfungen helfen. Machen Sie es zu Ihrem Begleiter an Ihrer Seite, der Ihnen die notwendige Sicherheit in allen Prüfungen des Lebens gibt.

SIE SIND NICHT ALLEINE!

Und denken Sie vor allem immer daran: Sie sind nicht allein derjenige, der Prüfungsangst hat. Um Sie herum gibt es Tausende mit dem gleichen Problem. Denn in unserer modernen Leistungsgesellschaft geraten immer mehr Schüler, Studenten und Menschen im Arbeitsprozess in den Strudel dieser Pressionen. Es sind nämlich meist die Intelligenten und Fleißigen, die es packt. Sie haben Ehrgeiz und wollen es zu etwas bringen, setzen sich manchmal selbst zu stark unter Druck – aber unser System erwartet auch Perfektionismus, gut ausgebildete Kandidaten, die in jeder Situation ihre Aufgaben erfüllen. Insofern ist es auch ein zweischneidiges Schwert: Auf der einen Seite die Gejagten und auf der anderen Seite eine stark fordernde Gesellschaft.

WAS IST PRÜFUNGSANGST GENAU?

Prüfungsangst (englisch: test anxiety) ist eine Art der sozialen Bewertungsangst (soziale Phobie). Sie ist demnach eine Angst vor der Bewertung der persönlichen Leistungsfähigkeit durch andere. Sie kann den Betroffenen daran hindern, im Rahmen einer Prüfung seine eigentlich vorhandene Leistung unter Beweis zu stellen.

Personen mit Prüfungsangst haben zunächst einmal eine Angst vor Gesichtsverlust. Sie stehen in einer Prüfung und werden zu einem Thema befragt oder haben in einer Klausur Aufgaben zu lösen. Fallen ihnen die entsprechenden Antworten nicht ein, fangen sie an zu zählen: Wie viele Punkte habe ich oder brauche ich noch, um den Test überhaupt zu bestehen? Plötzlich tauchen in ihnen innere Bilder über eine katastrophale persönliche Entwicklung auf, über Häme, Spott und Statusverfall. Und genau solche Bilder lösen wiederum Ängste bei den Betroffenen aus. Plötzlich sind grundlegende Kenntnisse weg, als hätte man sie nie gelernt oder gewusst.

Besonders gefährdet sind Menschen, die schon einmal ein Erlebnis über Misserfolg hatten. Sie meiden dann häufig anschließend nach einer solchen Begebenheit ähnliche Situationen. Weiterhin sind auch Personen gefährdet, die sich selbst permanent kontrollieren. Und natürlich Perfektionisten setzen sich immer wieder der Gefahr der Prüfungsangst aus.

Oft gehen Prüfungsängste auf negative Erfahrungen in der Kindheit zurück. Auch einzelne Erlebnisse einer starken Überforderung können der Auslöser sein. Grundsätzlich gilt aber: Prüfungsangst ist beileibe kein Schicksal, dem man sich auf Lebenszeit ergeben muss. Man hat sie einfach meist unbewusst erlernt, ohne sich in ihr zu verkrampfen. Erlerntes kann man deshalb auch wieder bewusst verlernen.

Prüfungsangst wird deshalb auch nur in ganz extremen Sonderfällen als Krankheit eingestuft. Zuzuordnen ist sie eher einer Sonderform der sozialen Bewertungsangst. Personen mit Lernbehinderung (oder auch einfach nur „faule" Kandidaten) oder solche mit Verhaltensauffälligkeiten (Klassenclown) sind weitaus stärker von Prüfungsangst betroffen als eben die, die diese Probleme nicht haben.

Wie entsteht Prüfungsangst?

Wie der Name schon sagt, entsteht Prüfungsangst dadurch, dass man Angst oder die Symptome solcher Angst während einer Prüfung oder schon vorher verspürt. Einerseits hat das Auswirkungen auf die Leistung der betroffenen. Aber sie wird auch gerne von Prüflingen und ihnen nahestehenden Menschen dazu herangezogen, um schwache Leistungen oder auch plötzliche Denkblockaden zu erklären oder zu entschuldigen. Insbesondere bei Hochschulprüfungen können hin und wieder auch Prüfer selbst, wie wir oben bereits erfahren haben, ähnlichen Spannungen wie bei der Prüfungsangst selbst ausgesetzt sein. Sie sind dann aber weniger manifestiert und auch nicht mit irgendwelchen Sanktionen bedroht. Entweder sind die Prüfer Frischlinge in ihrem Fach oder sehen sich durch mitprüfende Kollegen zu sehr beobachtet und werden dann unsicher. Autogener oder heterogener

Spannungsabbau – also selbst oder durch Übungs-anleiter - steht dann sowohl Prüflingen wie auch Prüfern als Hilfsmittel zur Verfügung.

Die Ursachen von Prüfungsangst

Ihre persönliche Einstellung zur Prüfung hat einen wesentlichen Einfluss bei der Entstehung von Prü-fungsangst. Ihr Körper reagiert nämlich genau nach dem Muster, wie Sie selbst Ihre eigene Kompetenz (Kenntnis von der zu prüfenden Materie) einschät-zen. Auch die Bedeutung der Prüfung spielt eine Rolle – Ist es „nur" eine Zwischenprüfung?" Dazu kommt dann noch die Prüfungssituation: Sind Sie unter strenger Kontrolle mit Studenten-/Schüler-ausweisprüfung, unter Beobachtung? Auch wie Sie den Prüfer einschätzen hat Einfluss auf Ihre Kör-perreaktion. Auf jeden Fall hat man erlernt, mit sol-cher Angst umzugehen. So unterschiedlich wie die Menschen sind, so verschieden gehen Sie auch mit solchen Ängsten um. Es gibt Mitstudenten, die we-sentlich weniger als Sie selbst gelernt haben und weniger kompetent sind als Sie, aber viel lockerer in die Prüfung gehen – und manchmal damit sogar erfolgreicher sind. Auch werden Sie die Erfahrung machen, dass Prüfungsangst nicht unbedingt durch die Prüfung selbst ausgelöst wird. Sie wer-den in manche Prüfungen lockerer hineingehen und andere wiederum als stark beängstigend emp-finden. Sie meinen nämlich, bestimmte Fächer wie

Mathematik liegen Ihnen nicht. Sie haben eine innere Aversion. Und schon kommt Angst auf, weil Sie vielleicht gerade in Mathe auf der Kippe stehen. Deutsch wiederum liegt Ihnen sehr. Jedes Thema packen Sie. Oder Sprachen: Sie ist Ihnen ins Blut übergegangen, so als ob Sie zweisprachig aufgewachsen wären.

Man kann den Zusammenhang zwischen eigener Kompetenz, der Prüfungsbedeutung und -situation sowie dem Prüfer an einer Grafik, **dem ABC der Gefühle**, verdeutlichen:

A steht für die Situation, B für Ihre Bewertung und C sind die aus Ihrer Bewertung resultierenden Gefühle und körperlichen Reaktionen.

A: Ich gehe in die Prüfung.

B: (negative Bewertung) Ich werde durchfallen, stottern und einen Blackout haben. (neutrale Bewertung) Ich lasse es einfach auf mich zukommen. Ich habe gelernt und mich vorbereitet. (positive Bewertung) Ich habe mich gut vorbereitet. Das sind meine letzten Prüfungen. Die werde ich sicher auch noch schaffen.

C: (negative Gefühle) Angst, Depression, Anspannung. (neutrale Gefühle) Ruhe oder leichte Anspannung. (positive Gefühle) Leichte Vorfreude auf danach, Ruhe und Gelassenheit.

Mit der Bewertung der Situation entscheiden Sie sich nämlich auch gleich schon für Ihre Gefühle und körperlichen Reaktionen mit. Ihre Gefühle sind eine automatische Konsequenz Ihrer gedanklichen Einschätzung. Bei Prüfungsangst sehen Sie die Prüfung selbst als bedrohlich für Ihre Selbstachtung und Ihre berufliche Karriere. Sie schätzen Ihre Fähigkeiten, diese Gefahr zu verhindern, als gering ein. Nur Sie selbst haben den Schlüssel in der Hand, Ihre Prüfungsangst zu beeinflussen. Es kommt auf Ihre Einstellung dazu an.

Ist Prüfungsangst eine Krankheit?

Prüfungsangst kann erhebliche Beeinträchtigungen des Betroffenen zur Folge haben und Probleme auch in seinem sozialen Umfeld auslösen. Wenn das passiert, dann betrachtet man sie als Krankheit und klassifiziert sie nach dem internationalen ICD-Schlüssel ICD-10 als phobische Störung F40 oder als sonstige Störung F41 (nach der Version der Weltgesundheitsorganisation WHO). Besonders im Kindheitsalter behindert sie dann auch die normale Entwicklung. In Amerika erkennt man Prüfungsangst über den „Americans with Disabilities Act" sogar als Behinderung an. Deshalb bietet man in solchen Fällen auch besondere Prüfungsabläufe an. Dazu muss ein entsprechender Antrag mindestens 30 Tage vor Prüfungsbeginn eingereicht werden. Besondere Merkmale sind aber in jedem Fall erforderlich. Prüfungsangst an und für sich wird in den USA nicht von vornherein als eine Behinderung nach diesem Gesetz gewertet.

WELCHE SYMPTOME HAT PRÜFUNGSANGST?

Viele Menschen können die Prüfungsangst kaum einordnen. Denn sie hat erstaunlich viele Gesichter. Wann und wie macht sie sich bemerkbar? In vier Bereichen können wir sie fassen:

1. In der **seelischen Befindlichkeit**: Dann fühlen Sie sich unsicher, ängstlich, ja sogar reizbar. Sie leiden plötzlich unter Stimmungsschwankungen und haben Unlustgefühle.

2. In Ihrer **geistigen Leistungsfähigkeit**: Plötzlich haben Sie Denkblockaden, Selbstzweifel und fangen an zu grübeln. Ihre Konzentration lässt nach. Sie haben Aufmerksamkeitsstörungen und Ihre Merkfähigkeit lässt nach.

3. Im **körperlichen Bereich**: Innere Unruhe befällt Sie. Sie leiden unter Schlafstörungen, Kopfschmerzen, Verstopfung oder Durchfall. Müdigkeit befällt Sie, Schwindelgefühle, Herzstechen, ein Kloßgefühl im Hals. Heißhungerattacken wie auch Appetitlosigkeit können weitere körperliche Merkmale sein.

4. **Im Verhalten**: Sie flüchten sich in unwichtige Routinearbeiten wie Aufräumen oder putzen, nehmen Beruhigungstabletten oder trinken Alkohol. Sie essen mehr, als Sie wirklich brauchen.

Warum reagieren wir verstärkt auf Prüfungsangst?

Prüfungsangst wird nicht vererbt, sondern wir erlernen sie durch Erfahrungen oder Vorbilder. Meistens prägen wir uns Prüfungsangst in der Kindheit ein. Wir können dabei fünf Faktoren ausmachen:

1. **Der elterliche Erziehungsstil**: Ängstliche Kinder hatten meistens Eltern, die weniger mit ihrem Nachwuchs gesprochen haben und sich auch weniger um ihre emotionalen Bedürfnisse gekümmert haben. Das ist das Ergebnis wissenschaftlicher Untersuchungen. Solche Eltern sehen zudem ihre Hauptaufgabe darin, Regeln und Verbote beizubringen. Dabei überfordern sie häufig ihre Kinder. Sie unterstützen sie auch wenig verbal und praktisch. Erfüllen die Kinder die Leistungsansprüche der Eltern nicht, dann bestrafen sie sie häufiger. Das führt dazu, dass die Kinder später selbst die Rolle ihrer Eltern übernehmen und sich selbst ablehnen, wenn sie einen Misserfolg haben. So entwickeln sie sich zu einer Person, die jede

Leistungssituation als eine persönliche Bedrohung empfinden.

2. **Die Persönlichkeit der Eltern**: Viele Verhaltensweisen erlernen wir von unseren Eltern und schauen uns das am Modell der Eltern ab. Wenn die Eltern zum Beispiel sehr leistungsorientiert sind, verhalten wir uns auch dementsprechend. Die Eltern sind ja unser großes Vorbild. Genauso ist es, wenn die Eltern ängstlich sind – etwa in der Angst vor einem Hund. Dann übernehmen wir das ungeprüft ohne die Chance einer eigenen persönlichen Erfahrung.

3. **Gesellschaftliche Normen**: Wir alle kennen den Spruch: „Nur wer gut ist, gilt etwas und hat etwas zu sagen!" Leistung und Bedeutung von Erfolgen werden in unserer Leistungs-Gesellschaft sehr stark betont. Der Einzelne lernt, sein Selbstwertgefühl in Abhängigkeit von seiner Leistung zu definieren. Das Problem dabei ist: Je mehr man diese Einstellung selbst verinnerlicht, umso stärker leidet man auch unter der eigenen Angst bei der Prüfung durchzufallen.

4. **Frühere Erfahrung mit Prüfungen**: Die Angst vor Prüfungen wird verstärkt durch ungerechte Prüfer oder negative Erfahrungen auf Misserfolge und so weiter.

5. **Soziale Faktoren**: Studenten, die sich ihr Studium selbst finanzieren müssen und weder durch Bafög oder Eltern unterstützt werden, stehen eher unter Druck. Sie müssen ihr Studium möglichst schnell abschließen und oft auch noch nebenbei arbeiten. Außerdem verspüren sie den Druck, gute Noten zu produzieren, um nach dem Studium schnell überhaupt eine Stelle zu bekommen oder gar eine attraktive. Für sie hat das Bestehen der Prüfung somit eine besondere Bedeutung.

Worauf bezieht sich Prüfungsangst genau?

Die Prüfungsangst kann sich auf vier ganz unterschiedliche Bereiche beziehen:

1. Die Angst vor der Prüfungsvorbereitung

2. Die Angst vor der Prüfungssituation selbst.

3. Die Angst vor den Folgen des Versagens in der Prüfung und Angst vor möglichen Selbstanklagen oder der Blamage bei Nichtbestehen der Prüfung.

4. Ja, auch die Angst vor den Folgen einer bestandenen Prüfung kann möglich sein: Man hat Angst davor, den Leistungsanforderungen nicht gewachsen zu sein, die nach bestandener Prü-

fung folgen, etwa nach der Führerscheinprüfung sich im Straßenverkehr allein nicht zu-
rechtzufinden.

Welche Strategien helfen?

Daraus entwickeln sich folgende Strategien gegen Prüfungsangst:

1. Sie setzen an den generellen Einstellungen an, die die Angst bei Ihnen erzeugen.
2. Sie arbeiten an den Vorstellungen und Bildern, die bei Ihnen die Angst erzeugen.
3. Sie setzen im körperlichen Bereich an, also mehr bei den Symptomen und Auswirkungen der Angst, zum Beispiel bei den zittrigen Händen, Schweißausbruch oder dem trockenen Mund.

WIE GEHT MAN MIT PRÜFUNGSANGST UM?

Die stärkste Anspannung erleben Prüfungskandidaten vor dem Test. Die Sorge um das bevorstehende Ereignis zerreißt sie förmlich. Dazu kommen eine emotionale und eine physische Reaktion auf diesen Prüfungsdruck. Ganz normale Reaktionen – und dann ist Prüfungsangst auch etwas ganz Normales – sind beim Gedanken an Prüfung innere und äußere Aufregung, ein leichtes Bauchkribbeln, schwitzende feuchte Hände und etwas Unruhe. Eigentlich sind das alles nur Zeichen der Anregung, sich nämlich mit der bevorstehenden Aufgabe zu beschäftigen.

Deshalb wirkt auch in der dann folgenden Prüfung selbst diese Angst leistungssteigernd. Dagegen ist bei einer schweren Prüfungsangst folgendes festzustellen: Der Kandidat leidet unter einer Dauer-Nervosität, Schlaflosigkeit und auch Übelkeit. Schwere Prüfungsangst lähmt auch die Konzentration und selbst das Erinnerungsvermögen (Blackout) im Lernprozess und dann auch in der Prüfung. Solche Kandidaten haben schon das Problem, sich den zu prüfenden Stoff überhaupt einzuprägen. Sie sind so sehr auf ihre Angst fixiert, dass die Konzentration für die Aufgaben, für das zu Lernende nicht ausreicht, sich das auch dauerhaft einzuprägen. Das ist ja gerade auch so als wenn man ein Buch liest und die Gedanken ständig in „Nebenkriegs-Schauplätze" abweichen. Man wird sich aus dem Buch so wenig merken können. Wenn man nicht konzentriert auf die Sache lernt, sondern die Angst auf bevorstehende Ereignisse einen ständig ablenkt, bleibt wenig hängen.

WAS TUN GEGEN PRÜFUNGSSTRESS?

Grundsätzlich: Wenn der Prüfungsstress bereits **Krankheitscharakter** erreicht hat, wie ständige Angst auch ohne eine konkrete Prüfung, dann ist eine gezielte **Therapie** nötig wie bei jeder Phobie auch. Da Prüfungen negative Gefühle hervorrufen, wird man zunächst genau da ansetzen und versuchen, positives Denken zu erreichen. So kann man für entsprechende Situationen positive Gedanken wie „Ich werde es schaffen" einüben und sich dabei auch die Effekte der **Autosuggestion** zunutze machen. Dabei sagt man sich selbst immer wieder Sätze wie „Die Prüfung ist nicht schwer. Ich beherrsche den Stoff. Ich schaffe die Prüfung mit Links!" Wenn man es sich oft genug selbst sagt und auch ruhig laut vor sich hinspricht, beeinflusst man damit sein Unterbewusstsein.

Man erreicht es durch Selbsthypnose oder wiederholte Selbst-Affirmationen („Ich schaffe die Prüfung"). Man betrachtet die Autosuggestion auch als eine Form von selbstinduzierter (sich selbst verpasster) **Gehirnwäsche**. So trainiert man sein Unbewusstes, an etwas zu glauben. Jeder kann so etwas anwenden, und je länger und öfter man sich selbst solche **Formeln** gebetsmühlenartig sagt, umso wahrscheinlicher wird der Erfolg der Autosuggestion. So baut man auch Prüfungsangst ganz locker ab. Dazu sollte man natürlich **effektive Vorgehensweisen für das Lernen** selbst und die **Prüfung** entwickeln. Verbessern Sie die **Transparenz**

der Prüfung. In der Prüfung selbst sollte man für eine kurzfristige und effektive **Entspannung** sorgen – etwa nach **Jacobson**: Muskeln anspannen und wieder entspannen, zum Beispiel die Hände für einige Sekunden fest zur Faust spannen und dann wieder ganz locker loslassen, die Füße in den Boden krallen und wieder loslassen, die Stirnfalten ganz fest zusammenpressen und wieder entspannt loslassen und so weiter. Man kann das von oben nach unten mit jeder Körperpartie durchführen, je nachdem, wie viel Zeit man hat. Aber auch schon in ein paar Minuten erreicht man einen entspannenden Effekt. Man muss sich nur immer wieder die Situation ganz bewusstmachen: **Jetzt brennt es, gleich knallt es – Stopp! Entspannung.**

Natürlich können die gleichen **psychiatrischen Therapieformen** wie bei anderen Formen von **Angststörungen** einsetzen. Dazu gehören auch **Medikamente**, bei denen allerdings mögliche **Nebenwirkungen** zu beachten sind (dazu später mehr).

Gegenmaßnahmen

Lernforscher und Psychologen sind dem Problem der Prüfungsangst in vielen Forschungsvorhaben auf den Grund gegangen. Sie haben einen **einheitlichen Katalog** von Gegenmaßnahmen entwickelt.

1. Basishilfen: Gehen Sie nicht ohne Randinformationen in die Prüfung. Informieren Sie sich deshalb vorher genau über Aufbau und Ablauf der Prüfung.

2. Starten Sie beizeiten mit dem Lernen des prüfenden Stoffs. Planen Sie auch ausreichend Pausen ein. Gehen Sie mit Spaß und Freude an die Sache. So bleibt nämlich Ihre Motivation erhalten.

3. Bauen Sie sich selbst auf, indem Sie sich zwischendurch über eigene Lernerfolge vergewissern. Rufen Sie Ihr Wissen ab und prüfen Sie sich selbst. Das stärkt nämlich Ihr Selbstvertrauen.

4. Es ist in der Phase jetzt ganz wichtig, dass Sie Ihre negativen Gedanken ausknipsen. Ersetzen Sie sie durch positive. Immer, wenn Panikbilder im Angesicht einer Prüfung hochkommen, drehen Sie diese um. Und das geht so: Stellen Sie sich z.B. einfach bildlich vor, wie Sie nach bestandener Prüfung mit Freunden feiern.

5. Viele machen den Fehler, noch am Abend vor der Prüfung zu lernen oder den Prüfungsstoff zu wiederholen. Das ist verkehrt. Denn das macht das Gehirn nämlich schon von selbst im Schlaf. Für Ihre Psyche ist es jetzt viel wichtiger, wenn Sie abschalten und sich selbst entspannen.

Es gibt bestimmte Methoden, die wirklich wirken müssen, weil der Körper gar nicht anders kann. Wenn Sie merken, dass Ihr Stresspegel im Angesicht einer Prüfung oder von Prüfungsvorbereitungen steigt, dann stellen Sie sich einfach hin. Oder setzen Sie sich hin um körperlich zu entspannen.

Nehmen Sie jetzt ganz bewusst eine **kurze Auszeit**. Sagen Sie sich: Ich merke, wie der Stress in mir wirkt und überhandnimmt – Stopp! Setzen Sie einen bewussten Akt dagegen, indem Sie sich **aufrecht setzen** oder aufstehen. Ihre **Schultern** richten Sie **gerade**. Legen Sie Ihre **Hand auf den Bauch** und atmen Sie ganz bewusst durch die Nase dorthin in den Bauch. Ihr **Brustkorb** sollte sich dabei **nicht heben**.

Atmen Sie nun nach der 4-6-8-Methode: Sie atmen dabei langsam und tief ein, zählen dabei bis vier und halten die Luft sechs Sekunden an. Zählen Sie ganz leise für sich. Und danach atmen Sie noch langsamer durch den Mund aus und zählen für sich dabei bis acht. Mindestens fünfmal sollten Sie diese Übung wiederholen. Mit etwas Übung werden Sie das dann das Handauflegen auf den Bauch nicht mehr brauchen.

Atmen Sie mit dieser Übung Stress, Frust und Wut einfach weg. Es funktioniert mit dieser Bauchatmung, denn die Lunge ist im unteren Drittel besonders gut durchblutet. So nimmt sie dann besonders viel Sauerstoff auf. Sie **verbessern** dadurch nicht nur Ihre **Stimmung**, sondern auch Ihre **Denkleistung**.

Doch manchmal hilft nur noch **Bewegung**. Sie wissen ja: Haben Sie Stress, sollten Sie sich sofort kräftig bewegen. Das baut nämlich den Stress ab. Verschiedene Möglichkeiten bieten sich Ihnen spontan: Steigen Sie **Treppen rauf und runter**. Machen Sie **Kniebeugen** oder Liegestütze. Ganz gut ist es, spontan **eine Runde** stramm **um den Block** zu gehen. Dann haben Sie nicht nur Bewegung, sondern gleichzeitig atmen Sie auch frische Luft ein, was wiederum dem Körper belebenden Sauerstoff zuführt. Sie werden es bemerken: Oft **sinkt** danach sofort wieder Ihr **Stresspegel**.

Zwei Forscher der Universität Chicago haben eine **ganz neue Methode** erarbeitet, mit Prüfungsangst richtig und erfolgreich umzugehen: Sie schreiben zehn Minuten vor der Prüfung Ihre **schlimmsten Szenarien**, Sorgen und Nöte **auf ein Blatt Papier** auf. Und dann starten Sie mit der eigentlichen Prüfung.

Das wirkt, und zwar **reduziert** sich Ihre **Angst** dadurch. Es funktioniert deswegen, weil Prüfungsangst und der durch sie ausgelöste Stress stark unser Kurzzeitgedächtnis belasten. Diesen Teil des Gehirns genau brauchen wir aber für die Prüfung selbst. Denn damit lösen wir Prüfungsaufgaben, indem wir unsere Kenntnisse aus dem Kurzzeitgedächtnis abrufen. Man muss sich das wie bei einem

Computer vorstellen: Den Stress speichern wir zwischenzeitlich auf eine externe Festplatte ab. Der Kopf ist frei für den Test. So einfach ist das.

TIPPS FÜR GUTE PRÜFUNGSVORBEREITUNG

Während eines Studiums gibt es so viele Prüfungen: Zwischenprüfung, Vordiplom, Abschlussprüfung, Diplom, Hausarbeit und so weiter. Dafür gilt es im Vorfeld immer gewisse Formalien einzuhalten. Sie müssen in der Regel Prüfungsvorleistungen erbringen und Ihre Anmeldung zur Prüfung fristgerecht beim so genannten Prüfungsamt einreichen. Machen Sie sich also rechtzeitig mit den Formalien vertraut, dass Sie nicht auch damit noch Stress bekommen. Räumen Sie solche einfachen Steine aus dem Weg. Und schreiben Sie sich gleich einen **Laufzettel**, den es abzuarbeiten gilt:

Prüfung – Prüfungsanmeldung – **Materialsammlung** zum Prüfungsstoff – **Zeitplan** über die Prüfung – **Lerntipps und Merktechniken** – den richtigen **Lerntyp** finden (Wer bin ich? Man spricht in Anlehnung an die Sinnesorgane, die beim Lernen beteiligt sind, vom auditiven, visuellen, kommunikativen oder motorischen Lerntyp.) – Lernen **mit Mindmap** (**Gedanken- oder Gedächtnislandkarte**: eine kognitive Technik zur Erschließung und visuellen Darstellung eines Themengebietes, zur

Planung oder für Mitschriften. Das Prinzip der Assoziation soll hierbei helfen, Gedanken frei zu entfalten und die Fähigkeiten des Gehirns zu nutzen.) – Speedreading (**Schnelllesen**) als ein möglicher Lerntipp – **Konzentrationstests** und **-übungen** – **Prüfungsstress** – **Prüfungsangst**.

Akzeptieren Sie zunächst einmal Ihre Angst. Sie ist nichts Außergewöhnliches, und Sie befinden sich damit in guter Gesellschaft mit Millionen anderer. Anerkennen Sie auch die Stresssituation. Jede Prüfung ist eine besondere Herausforderung. Entspannungsübungen sind deshalb das erste Mittel der Wahl gegen allgemeinen Stress im Studentenalltag, wie auch bei geistiger Anspannung und Nervosität vor Prüfungen.

Bewährt haben sich Methoden wie die Progressive Muskelentspannung (oder auch Progressive Muskelrelaxation PMR, Progressive Relaxation PR) nach Edmund Jacobson (siehe oben), das Autogene Training sowie die fernöstlichen Entspannungstechniken von Yoga bis Thai Chi. Daneben sind Sportarten wie Radfahren oder Jogging sehr hilfreich als Ausgleich gegen Stress, Anspannung und Ängste. Weil Hochschulen das Problem von Prüfungsangst kennen, bieten einige jetzt auch Anti-Stress- und Anti-Angst-Seminare an. Entsprechende Kurse sollen beim Überwinden von Prüfungsangst helfen. Das sieht so aus, dass über Gespräche mit einem professionellen Berater und/oder über Kontakt zu anderen Studenten mit ähnlichen Problemen Nervosität, Schlafstörungen und Depressionen bewältigt werden. Man spielt sogar mündliche und schriftliche Prüfungen in solchen Gesprächsgruppen nach.

Durch die gedankliche Vorwegnahme einer Prüfung konfrontiert man die Studenten mit dem Stress auslösenden Faktor. Dabei kann die realistische Ausmahlung der Prüfungssituation hilfreich sein. Noch realistischer wird die Situation, wenn sie in einem Hörsaal stattfindet, vielleicht sogar in dem, in welchem dann auch die Prüfung tatsächlich stattfindet. So können sich die Kandidaten mit Prüfungsangst schon einmal ausmalen, wie es denn dann wirklich sein wird, unter Umständen sogar mit Kommilitonen. So spielt man die Prüfung vorher durch, und sie verliert von ihrem Schrecken. Selbst wenn die Prüfung im Büro des Dozenten stattfindet, kann man auch das vorher durchspielen. Man lernt vorher die Situation kennen und wird am Prüfungstag nicht überrascht. Man gewöhnt sich vorher vielleicht an urige Details und wird dann bei der tatsächlichen Prüfung nicht abgelenkt. Man ruft zu Hause diese Umgebung wieder ab und vertieft sich hinein, wenn man seinen Stoff lernt oder wiederholt. Ist man dann wirklich in der Prüfung, fühlt man sich wie zu Hause im heimischen Arbeitszimmer – und ruft sein Wissen wie von selbst einfach ab.

Es gibt ganz allgemeine wirkungsvolle Tipps: Wer die Vorlesungen regelmäßig besucht, wird Hinweise auf den Prüfungsstoff bekommen und seine Bandbreite abgrenzen können. Klausuren voheriger Semester sollten durchgeackert werden. Man bekommt sie evtl. über das Prüfungsamt, die Institutsbibliothek oder den Fachschaftsrat. Manchmal werden sie auch ins Internet gestellt. Die Tutoren, die im Auftrag der Professoren die Studenten trainieren, geben zusätzliche Hinweise, weil sie in enger Kooperation mit ihren Profs den Prüfungsstoff vermitteln. An vielen Hochschulen dürfen auch mündliche Prüfungen (mit Zustimmung des Kandidaten) zur Vorbereitung auf die eigene mündliche Prüfung beobachtet werden.

Tipps bei einem Anfall von Prüfungsangst

Kennen Sie „**Anker werfen**"? Das ist eine beliebte Übung aus der Psychotherapie und kann auch mit etwas Training als Trick gegen Prüfungsangst eingesetzt werden: Pressen Sie den Daumen und Zeigefinger zusammen. Denken Sie dann für knapp drei Minuten an ein besonders **schönes Erlebnis**, zum Beispiel: Wie roch das Lavendel-Feld im Südfrankreich-Urlaub? Wie angenehm war das Meer auf Teneriffa? Welche Geräusche haben Sie davon in Erinnerung? Oder erinnern Sie sich an die Vogelstimmen im Wald, das Knacken der Äste unter Ihren Füßen, den samtweichen Moosboden? Erinnern Sie sich intensiv an eine wirklich schöne, angenehme Situation. Allein durch das Zusammenpressen der Finger kommt ein **positives Gefühl** nach einiger Zeit **automatisch**.

Atmen Sie doch einfach **Angst** und Aufregung vor einer Prüfung **weg**: Rund zwei bis fünf Minuten lang tief einatmen und die Luft für sechs bis zehn Sekunden halten. Das entspannt. Haben Sie nämlich zu viele Stresshormone im Körper, kann das keine

Leistungssteigerung mehr bewirken. Eine Blockade im Gedächtnis wäre die schlimme Folge.

Den **Prüfern** sind Symptome der **Prüfungsangst** durchaus **bekannt**. Wenn Sie also plötzlich stottern, nervös oder rot werden, muss Ihnen das nicht peinlich sein. Es sind bekannte Zeichen, und Sie müssen sich deswegen nicht fürchten. Eine gewisse Nachsichtigkeit durch Prüfer kann Ihnen dabei helfen, das nicht als so schlimm zu empfinden.

Machen Sie sich immer klar: Ob Sie eine Prüfung bestehen oder nicht, entscheidet weder ein Zahlendreher, ein Versprecher, Stottern, Nervosität und auch eine Wissenslücke nicht. Gehen Sie also nie mit dem Vorsatz „Unbedingt keine Fehler machen" in eine Prüfung. Dieser Erfolgsdruck verleitet gerade zur Unsicherheit und zu Fehlern. Blicken Sie stattdessen immer auf Ihre intensive Vorbereitung zurück, auf Ihr Lernen, Ihre Recherche und auch auf Ihr Können. Sie wissen es doch. Also müssen Sie nicht unbedingt fehlerfrei bestehen. Das ist übrigens ein weiterer Auslöser von Prüfungsangst. Man setzt sich selbst zu sehr unter **Erfolgsdruck** – der Perfektionist im Prüfling. Sie müssen keine Eins schreiben. Übertriebener **Ehrgeiz** ist der Feind einer lockeren Prüfung.

Was Sie gelernt haben, bleibt Ihnen erhalten. Durch einen einzigen Fehler oder durch eine kleine Wissenslücke in der Prüfung verlieren Sie nicht Ihr gesamtes Wissen und das, was Sie sich über Wochen und Monate angeeignet haben. Entwickeln

Sie stattdessen Ihr ganz persönliches „**Worst Case Scenario**": Welche Folgen könnte eine schlechte Prüfungsnote für das gesamte Studium haben? Habe ich die Chance einer Wiederholung der Prüfung? Gibt es vielleicht ein anderes Seminar oder Tutorium, das ich besuchen kann, um mich auf die Prüfung vorzubereiten? Manchmal hilft ein **Ortswechsel** – wie bei Schulen. Man bekommt kein Bein an den Boden in der alten Schule. Die Situation ist verfahren. Dann kann der (Schul-) Wechsel Wunder bewirken.

Gehen Sie mit einer **positiven Einstellung** in die Prüfung. Das wirkt sich garantiert auf die Stimmung während der Prüfung aus. Sagen Sie sich doch einfach vor dem Test: „Ich werde die Fragen locker beantworten!" So treten Sie gelassen vor Prüfer und Prüfungskommission.

Es ist ganz wichtig, ohne Angst in eine Prüfung zu gehen. Nutzen Sie die Kraft der **Autosuggestion** und **Entspannung**. Versuchen Sie nicht, noch schnell vor einem Test Zettel zu lesen, Formel zu wiederholen oder Vokabeln abzufragen. Viel wichtiger ist, dass Sie sich ganz klar sagen „Ich werde diese Prüfung bestehen" – „Ich gehe ganz locker in die Prüfung" – „Ich habe den Stoff gut gelernt und er ist mir voll präsent" – „Ich schaffe das schon". Dann entspannen Sie sich, indem Sie Ihre Hände ganz feste zu Fäusten spannen und wieder loslassen, Ihre Füße in den Boden krallen und wieder locker werden – Anspannung und Entspannung. Sie gehen positiv gestimmt und entspannt in die Prüfung, können ganz locker und selbstbewusst auftreten – damit vielleicht **sogar kleine Schwächen überspielen.**

So können Sie schließlich auch **Prüfungsangst kurieren.** Es gibt entsprechende erfolgreiche **Selbstheilungsprogramme** in **Seminaren** oder auch einfach auf **CD.** Sie können sich das auch in **Fachbüchern** selbst erlesen. Machen Sie sich damit die Möglichkeiten der **Hypnotherapie** zu Nutze. Es gibt Fachleute, die sogar individuelle, auf den Patienten zugeschnittene CDs anfertigen, um Panik und Blackout bei Prüfungen künftig zu vermeiden. Diese Medien setzen ganz zielgenau bei Ihren persönlichen Schwächen und Ängsten an. Sie können diese CD immer wieder abspielen und hören, auf dem Weg zur Uni, zu Hause, kurz vor der Prüfung.

Prüfungsangst ist nämlich heilbar. Das ist eine ganz wichtige Botschaft. Erfahrene Psychologen und Trainer fragen zunächst bestimmte Verhaltensweisen von Ihnen ab: Wie Sie wann mit welchen Symptomen auf genau was reagieren? Wenn der Spezialist **ein Bild von Ihnen** hat und genau weiß, wann und wie heftig bei Ihnen Prüfungsangst einsetzt, kann er eine **individuelle CD** brennen. Dort ist ein **persönlich maßgeschneiderter Text** enthalten mit Formeln wie „Ich habe mich gut auf die Prüfung vorbereitet" – „Den Stoff beherrsche ich" – „Die Prüfung ist für mich ein Klacks" – „Ich gehe gut vorbereitet ins Examen" – „Ich bin ganz ruhig" und so weiter. Sie hören sich diese **CD täglich mindestens einmal** an. Die Dauer der CD schwankt **zwischen 30 und 50 Minuten**. Sie reduzieren so kontinuierlich Ihre Prüfungsangst. In der Regel haben Sie **nach zehn Anwendungen 30 Prozent weniger Prüfungsangst**.

Sie müssen Ihre Einstellung ändern

Ganz wichtig ist es, dass Sie ihre Einstellung ändern – und zwar vor allem gegenüber Ihrer Angst vor Gedanken, die Prüfungen auslösen. Sie wissen doch (und machen Sie sich das bitte immer wieder klar): Angst stört Konzentration. Sie verlängert sinnlos Ihre Lernzeit, und sie führt zu Kräfteverschleiß. Angst verdirbt Freude am Lernen. Sie gefährdet Ihren Abschluss und verschlechtert die Noten. Aber Angst bringt auch Ihre Gesundheit in Gefahr. Sie erhöht nämlich den Cortisolspiegel und das Adrenalin im Körper. So werden Sie reizbar. Prüfungsangst knabbert an Ihrem Selbstwertgefühl, ja sie kann sogar zu Depressionen führen. Sie macht einsam und führt zu Scham, hat negative Auswirkungen auf Ihre Partnerschaft und Sexualität.

Es ist deshalb ganz besonders wichtig, die **eigenen Gedanken bewusster wahrzunehmen**. Prüfen Sie ganz genau, inwieweit sie noch der Realität entsprechen. Oft interpretieren Sie bereits Dinge falsch, ordnen eine Situation nicht richtig ein. Wir nehmen Dinge verzerrt war, malen die Zukunft übertrieben in Schwarz-Weiß aus. Machen wir uns bewusst: Jeder **Gedanke verändert** automatisch auch unsere **Gefühle**. Unsere Gedanken entsprechen dabei nicht immer auch den Tatsachen. Das Gehirn kann aber nicht unterscheiden, ob unsere Gedanken die Situationen angemessen oder unangemessen wiedergeben.

Folgende typische negative Einstellungen **lösen Prüfungsangst aus** und so können Sie diese **korrigieren**:

„**Mir fällt in der Prüfung garantiert nichts ein**. Ich bekomme bestimmt kein Wort heraus." – So steuern Sie gedanklich dagegen: „Ich weiß nicht, ob ich in der Prüfung kein Wort herausbringe. Selbst wenn ich einen Augenblick blockiert wäre, dann wäre das für mich keine Katastrophe. Ich will mich gut vorbereiten und einige Entspannungsübungen lernen. Dann kann ich mein Wissen besser abrufen. Es ist eher unwahrscheinlich, dass mir in der Prüfung überhaupt nichts einfällt, wenn ich mich gut vorbereite."

„**Ich habe immer Pech bei Prüfungen**. Nie wird gefragt, worauf ich mich vorbereitet habe." – So steuern Sie erfolgreich dagegen: „Ich weiß nicht genau, wie es bei der bevorstehenden Prüfung sein wird. Ich übertreibe bestimmt. Auf manche Fragen weiß ich bestimmt eine Antwort, und Pech habe ich auch nur manchmal. Natürlich habe ich keine hundertprozentige Garantie, dass auch die Themen abgefragt werden, auf die ich mich vorbereitet habe. Ich verschaffe mir Informationen darüber, welche Themen gewöhnlich in dieser Prüfung vorkommen, und dann werde ich mich entsprechend vorbereiten.

„Ich darf keinen Fehler machen." – „Ich verlange Übermenschliches, wenn ich den Anspruch erhebe, ich dürfe keinen einzigen Fehler machen. Im Übrigen setze ich mich damit nur so sehr unter Druck, dass ich dann vor lauter Aufregung und Angst erst Recht Fehler mache. Fehler zu machen ist kein Beinbruch. Jeder macht mal Fehler. Deswegen falle ich nicht gleich durch eine Prüfung."

„Ich bin vollkommen in der Hand des Prüfers." – „Das stimmt nicht. Ich bin dem Prüfer nicht bedingungslos ausgeliefert. Er bestimmt über meine Note, aber auch da habe ich ein Wörtchen mitzureden, weil ich vieles einfach weiß. Aber der Prüfer bestimmt nicht über mein Leben. Und im Übrigen ist er auch nur ein Mensch wie ich. Durch meine Leistung, durch das, was ich kann, habe ich auch Einfluss auf seine Bewertung."

„Bestehe ich die Prüfung nicht, erreiche ich mein Berufsziel nicht. Dann ist eben alles vorbei." – „Ich habe eine zweite Chance, wenn ich die Prüfung beim ersten Mal nicht bestehe. Sollte ich auch beim zweiten Anlauf versagen, geht mein Leben dennoch weiter. Ich habe die Möglichkeit, einen anderen Beruf zu wählen. Das ist zwar unangenehm, aber ich könnte damit leben. Ich habe aber mein Studium bis hierhin geschafft. So ist es eher unwahrscheinlich, dass ich die Prüfung niemals bestehe. Deshalb konzentriere ich mich nun auf die optimale Vorbereitung."

„Alle halten mich für einen Versager, wenn ich jetzt durchfalle." – Ich weiß nicht, wie die anderen über mich denken und wie sie reagieren würden, wenn ich die Prüfung nicht schaffe. Es könnte schon sein, dass mich der eine oder andere schon für einen Versager hält. Das wäre unangenehm, aber ich könnte es ertragen. Ich bin sicher, dass eine einzige nicht bestandene Prüfung aus einem Menschen noch keinen vollkommenen Versager macht. Man könnte lediglich objektiv sagen, dass ich eben eine Prüfung nicht bestanden habe. Und wenn schon, was störet mich das Gerede der Anderen?"

Haben Sie sich nun in den beschriebenen Einstellungen wiedererkannt? Dann tun Sie was! Jedes Mal, wenn Sie sich ertappen, dann ersetzen Sie Ihre negativen Gedanken durch die hier beschriebenen Korrekturen – auch wenn diese Ihnen etwas gekünstelt vorkommen. Betrachten Sie das nicht nur als Wortspielerei. Sie wollen doch schlechte Gewohnheiten durchbrechen – na bitte, dann soll Ihnen doch jedes Mittel recht sein. Lieb gewordene Gewohnheiten verändert man nur, indem man erst eine Phase der Unsicherheit durchbricht. Vergegenwärtigen Sie sich doch einmal folgendes:

Sie fahren plötzlich nach England und haben sich erst einmal an den Linksverkehr zu gewöhnen. Sie müssen Ihre Gewohnheit, rechts zu fahren, durchbrechen und fühlen sich dabei unsicher. Vielleicht klappt das auch nicht immer auf Anhieb, und Sie machen Fehler. Aber mit konsequenter Übung und konzentriert gelingt Ihnen das dann.

Positiv denken: Ihre Vorstellung von der Prüfung muss deshalb mit positiven Gedanken über die Prüfung einhergehen. Verdrängen Sie bewusst negative Gefühle. Wir beeinflussen nämlich mit unseren Phantasien und Vorstellungsbildern auch unsere Gefühlsreaktionen. Malen Sie sich nämlich die Prüfungssituation in düsteren Farben aus, kauen etwa hilflos auf Ihrem Kuli, sitzen ratlos vor Ihrem leeren Blatt oder stottern vor dem Prüfer, dann müssen Sie einfach Angst empfinden. So üben Sie sich nur darin, sich selbst Angst zu machen. **Setzen Sie** bewusst eine alternative Vorstellung **dagegen**. Versuchen Sie, mit Ihrer Angst umzugehen, indem Sie sich Ihre **Prüfungssituation** möglichst **lebendig vorstellen**: den Raum, die beteiligten Personen, die Sitzordnung. Ihre Angstgefühle tauchen wieder auf. Sie sagen sich aber: „Bleib ganz ruhig. Du hast Dich gut vorbereitet. Keiner will Dir etwas Böses. Deine Angst geht vorüber. Jetzt konzentriere Dich nur noch auf die Fragen. Es ist keine Katastrophe, wenn Du eine Frage nicht beantworten kannst. Atme tief durch. Bleibe ruhig. Du wirst die Situation schon bewältigen." Malen Sie sich einfach aus, wie Sie Ihren Körper wieder beruhigen. Sie müssen Ihre Fassung wiedergewinnen, selbst wenn die Angst auftaucht. Manchmal klappt es nicht gleich mit den positiven Vorstellungen. Wiederholen Sie also Ihre Gedanken – immer, wenn die Katastrophenphantasien auftauchen.

Sie müssen Ihren **Körper** in einen **entspannten Zustand** bringen. Bei Angst stellt sich Ihr vegetatives Nervensystem um, und Ihre Muskelanspannung verändert sich. Auch beschleunigt sich Ihr Atemrhythmus: Der **Atem** im oberen Brustbereich **verflacht** sich. Und das wiederum kann zu Symptomen wie Benommenheit, Schwindel, Herzklopfen und Konzentrations-Störungen führen. Setzten Sie auch hier gezielte Strategien dagegen ein. Beispielsweise helfen hier Autogenes Training oder die progressive Muskelentspannung, wie oben bereits beschrieben. Es gibt noch andere einfache, aber **effektive Methoden**. Eine davon ist die **Bauchatmung**:

Übung: Legen Sie Ihre Hand flach auf den Bauch zwei Zentimeter unterhalb des Bauchnabels. Dann atmen Sie tief ein und stellen sich mal vor, wie die Luft langsam bis hinunter zur Hand fließt und dann sogar Ihre Hand durch die eingeatmete Luft hochdrückt. Langsam lassen Sie den Atem wieder über den Brustraum zurück aus der Nase fließen. Konzentrieren Sie sich darauf, wie Ihre Hand wieder langsam nach unten sinkt. Diese Übung sollten Sie mehrere Minuten lang wiederholen oder zumindest so lange durchführen, bis Sie eine deutliche Entspannung spüren und Sie selbst ruhiger geworden sind. Diese Übung kann man fast überall machen: abends vor dem Einschlafen, direkt vor der Prüfung, während der Pausen oder aber auch in der Vorlesung. Diese Übung zeigt schnelle Wirkung und braucht kein besonderes Training. Sie reduzieren dadurch nämlich Ihre Sauerstoffzufuhr. So bekommen Sie mehr Energie für Ihre Anspannung.

Solche Strategien sind für Sie wichtige Handwerkszeuge, wenn es um Prüfungen geht. So gehen Sie auf jeden Fall gelassener in den nächsten Test. Allerdings nutzt Ihnen das alles nur etwas, wenn Sie es auch trainieren. Einfach nur die Erkenntnis darüber zu gewinnen, reicht nicht aus, um eingefahrene Gewohnheiten zu überwinden. Hartes und konsequentes Training ist hier angesagt.

Prüfungsangst überwinden, aber wie?

Praktisch kann man an allen Punkten ansetzen, an denen sich Prüfungsangst bemerkbar macht: an den Symptomen, an den Auslösern oder auch direkt an den Ursachen.

- **Senken** Sie die zu hohe **Anspannung** vor einer Prüfung – beispielsweise durch Entspannung. Nehmen Sie die Luft raus und fahren sich selbst auf Normalmaß hinunter, etwa durch Entspannungsübungen nach Jacobsen, Autogenes Training oder Yoga.

- Setzen Sie sich selbst **nicht** unter einen übertriebenen **Leistungsdruck**. Schrauben Sie die Ansprüche an sich selber zurück. Sie müssen nicht immer der Beste sein, Mittelmaß reicht auch. Und eine vergeigte Prüfung ist noch kein Beinbruch.

- Gehen Sie der **Prüfung nicht aus dem Weg**. Flüchten Sie sich nicht in Vermeidung, sondern konfrontieren Sie sich mit Prüfungsinhalt. Denn „Vogel-Strauß-Politik" Kopf in den Sand hilft hier nicht. Schauen Sie den Tatsachen klar in die Augen.

- **Ungünstigen Rahmenbedingungen** wie ein zu geringer Wissensstand oder Aufgeregtheit, Nervosität und Zittern sollten Sie rechtzeitig begegnen und dagegen etwas Wirkungsvolles unternehmen: lernen, abreagieren, Sport treiben, entspannen, Autosuggestion betreiben zum Beispiel.

- Alle **Gedanken über** mögliche **Katastrophen**, ja Ihre schlimmsten Phantasien sollten Sie kreativ in Mut machende und die Angst reduzierende Gedanken umlenken, wie: „Ich habe meinen Stoff gelernt. Ich kann die Prüfung. Ich werde es schaffen." Sobald Katastrophen-Szenarien hochkommen, steuern Sie dagegen.

- **Frühere negative Erfahrungen** mit Prüfungen belasten Sie wie ein Trauma. Jetzt kommt es darauf an, dass Sie sich die Prüfung in den schönsten Farben ausmalen: Der Prüfer ist auch nur ein Mensch. Er will mir nichts Böses. Die Welt geht nicht unter, wenn ich durchfalle. Nur der Tod ist endgültig. Alles andere ist irgendwie zu regeln. Vergangene Prüfungen sind Geschichte. Daran werde ich nicht mehr denken.

- **Welche Fragen** könnten **in der Prüfung** gestellt werden? Bin ich darauf gut vorbereitet? Wenn nicht, muss ich sie jetzt schnell lernen. Welchen Stoff haben wir zuvor in den Unterrichtsstunden oder Vorlesungen intensiv behandelt? Was habe ich vielleicht nicht richtig verstanden. Ich muss realistisch abklären, welche Ergebnisse am Ende der Prüfung stehen könnten. Dann kann ich nämlich ganz anders dastehen und brauche keine Angst mehr zu haben.

- Es gibt ganz bestimmte **Lerntechniken** für ein optimales Arbeiten und eine gute Vorbereitung. Ich muss mich selbst überprüfen, ob ich meine Arbeits- und Vorbereitungs-Techniken noch verbessern kann. Das ist ein wichtiger Schritt, Kenntnisse zu erlangen, aber auch mehr Selbstsicherheit zu erreichen. So baue ich nämlich meine Prüfungsangst ab.

- Dabei muss ich auch **neue Lernstrategien** einsetzen. Mit immer mehr ausgefeilten Methoden lernt man besser und schneller. Das neue Wissen prägt sich besser ein und bleibt länger haften. Die alte Zettelwirtschaft und der Karteikasten haben vielfach ausgedient. Ich muss mit der Zeit gehen, um Anschluss zu halten. So bin ich optimal vorbereitet, und die Prüfung kann mir nichts anhaben.

- Natürlich muss ich mich mit den **Konsequenzen der Prüfung** auseinandersetzen, ob bestanden oder nicht bestanden. Aber bitte **konstruktiv** und nicht destruktiv zerstörerisch wie: Ich habe die Prüfung nicht bestanden, nun bin ich am Ende. Nein! Auch die Zeit nach der Prüfung sollte bedacht werden. Habe ich es geschafft: Wie geht es weiter? Was ist die nächste Prüfung oder wo bewerbe ich mich um eine erste Stelle? Habe ich es nicht geschafft: Wann ist der nächste Termin?

- **Akzeptieren** Sie Ihre **Prüfungsangst** als etwas ganz **Normales**. Aber finden Sie sich nicht mit ihr ab. Nehmen Sie deshalb für eine gewisse Zeit einfach die Angst an. Betrachten Sie sie als zu Ihrer Person dazu gehörend. So können Sie diese Prüfungsangst bei Ihnen auch einmal näher betrachten. Sie kann wichtige Informationen freigeben über die bisher nicht bewusst wahrgenommen eigenen Bedürfnisse. Sie kann zum Beispiel ein **Ruf nach Anerkennung** sein. Indem Sie so nun wichtige Informationen bekommen, warum Sie Angst haben und was Sie bedeutet, finden Sie auch **Ansätze für Veränderungen** dieser Angst.

- Prüfungsangst verlangt uns immer **viele Energien** ab. Ja, **Angst kostet immer auch Kraft**. Leiten Sie doch diese Energien, die in der Angst stecken, einfach um. Nutzen Sie sie stattdessen für die Prüfungsvorbereitung. Sie wenden viel Energie auf, sich in Prüfungsangst hineinzusteigern. Machen Sie sich das bewusst. Da steckt enorme Power drin. Sie können also Kraft mobilisieren – warum nicht auch für eine gute Vorbereitung?

- **Realistische Ziele** sind dabei ganz besonders wichtig. Besser sind **viele kleine Schritte** zum Erfolg als ein zu großer zum Scheitern. Sehen Sie deshalb bei der Prüfungsvorbereitung nicht gleich alles das, was noch vor Ihnen steht und zu leisten ist. Kleine Päckchen sind die Lösung. Denn sich nur den großen Berg gleich vorzunehmen, kann nicht klappen. Nehmen wir die Führerscheinprüfung. Erst mal steht die theoretische Prüfung auf dem Programm. Gliedern Sie sie in Abschnitte, wie es auch in den Übungsheften oder -blättern der Fall ist. Nehmen Sie sich ein Arbeitsblatt pro Woche vor, nicht gleich 100! Arbeiten Sie immer nur an dem einen Ziel „Ein Arbeitsblatt pro Woche". Der Rest darf Sie erst mal nicht interessieren und auch nicht nervös machen. Lassen Sie sich von dem Berg der Aufgaben nicht kirremachen. Und wenn Sie Teilziele geschafft haben, dann belobigen Sie sich auch dafür mit einem Eis zum Beispiel oder einen guten Wein. Muntern Sie sich selbst für die nächsten Etappen auf.

Das ist ja überhaupt der Fehler, den die Meisten machen. Sie nehmen sich anfangs viel zu viel vor. Und dann muss natürlich die Prüfungsangst kommen, weil man den Berg nicht schafft. So produziert man sich selbst den Stress mit der Prüfung. Überall im Leben **scheitern Menschen an zu großen Aufgaben**. Man vergisst dabei, sich die zu bewältigenden Tests oder Arbeiten sinnvoll einzuteilen. Scheibchenweise kommt man besser zum Ziel. Das ist ein psychologischer Trick. Denn Erfolge bauen auf. Man muss sich also kleine Gewinner-Situationen selbst schaffen. Das geht, wenn man sich nicht gleich alles auf einmal vornimmt. Ein Trick, den man insbesondere für Prüfungen und deren Vorbereitung unbedingt lernen muss. Wenden Sie Ihren Blick weg von dem, was noch alles zu bearbeiten ist. Der Berg des Gesamtpakets darf Sie nicht im Entferntesten interessieren. Blenden Sie das Gesamtpaket der Prüfungsvorbereitungen aus. Sie wissen doch: Jeden Tag ein Päckchen. Aber hierbei müssen Sie konsequent gegenüber sich selbst bleiben. Fangen Sie bloß nicht an: „Ach das eine Paket kann ich auch morgen noch machen."

Nein! Jeden Tag ein Päckchen, sonst klappt auch das nicht. Eiserne Disziplin gehört bei dieser Verfahrensweise mit dazu. Also zusammengefasst:

Mit **Disziplin und Konsequenz** erreichen Sie in überschaubaren kleinen Teilschritten Ihre große Aufgabe Prüfungsvorbereitung optimal. So räumen Sie einen Klotz, nämlich das Wissen über den Prüfungsstoff, beiseite. Und das ist der wichtigste Punkt. Damit dürfte der Prüfungsstress nur noch Randerscheinung sein. Und etwas Prüfungsstress ist ja gut, wie wir oben gelesen haben. Denn Anspannung erhöht die Aufmerksamkeit und damit auch den Wissensabruf im Test.

- **Planen Sie** auf jeden Fall ausreichend Zeit für die **Vorbereitung** auf die Prüfung ein. Sie müssen Ihren Aufwand schon realistisch einschätzen. Je näher Sie an den Prüfungstermin rücken, umso mehr Spannung befällt Sie auch. Und das wiederum lässt Ihre Konzentration sinken. Sorgen Sie also dafür, dass - je näher der Termin rückt - Ihr Stoff sozusagen durch und sicher in Ihrem Kopf abgespeichert ist. Also: Verschaffen Sie sich einen **realistischen Überblick**, machen Sie einen **Plan** und arbeiten diesen konsequent und beharrlich ab. Planen Sie so, dass Sie rechtzeitig vor dem Termin durch sind und noch Luft haben. Am besten ist es, wenn Sie eine Woche vor der Prüfung sattelfest sind und sich dann nur noch um Atmosphärisches wie Entspannung und Relaxen kümmern müssen. Am besten sind die dran, die ihr Pensum beherrschen und dann ausgiebige Spaziergänge unternehmen können, gelassen in den Prüfungsraum marschieren.

- Ertappen Sie sich manchmal auch dabei, dass Sie ein Buch lesen und Ihre **Gedanken plötzlich ganz woanders** sind? – Huch! Und eben dann nehmen Sie das Buch nicht mehr bewusst wahr, dessen Inhalt gar nicht mehr richtig auf. Genauso kann es Ihnen mit der Prüfungsvorbereitung passieren. Sie lernen und lernen, und nichts will so recht in Ihren Kopf hinein. Halten Sie inne. Sind Sie vielleicht mit Ihren Gedanken ganz woanders? Sehen Sie wieder einmal den großen Berg vor sich? Denken Sie schon an die nächste Etappe? Beschleicht Sie wieder einmal die Angst? Stopp! Wissen Sie, was dagegen am besten hilft? Setzen Sie sich mit Kollegen zusammen und üben gemeinsam. Das ist genauso, als ob Sie sich in ein Fitnesscenter eingeschrieben haben. Alleine lässt man schon mal die eine oder andere Stunde sausen. Haben Sie aber einen Mitkämpfer, der Sie ständig abholt, dann wird daraus ein fester Termin. Sie müssten schon mit Fieber im Bett liegen, um dann nicht hingehen zu wollen. So ist es auch mit dem Üben. Kommen die

Kumpels, dann wird eben gemeinsam gelernt. Und jeder übt Kontrolle aus. Sie können nicht abschweifen und unkonzentriert sein. In der Gruppe muss man lernen und bei der Sache bleiben.

- Noch ein anderer Tipp: Vielleicht haben Sie einen guten Freund oder eine Freundin, die diese Prüfung schon hinter sich haben. Spannen Sie die ein. Lassen Sie sich abfragen oder klären unverständliche Sachverhalte. Sie haben keine Chance, in andere Themen gedanklich abzuschweifen.

- **Setzen Sie sich** vor allem rechtzeitig **mit dem Inhalt** der Prüfung **auseinander**. Sie müssen genau wissen, was auf Sie zukommt. Denn kennen Sie den Inhalt, können Sie sich auch gut vorbereiten. Ihre Angst lässt garantiert nach. Vergewissern Sie sich über folgende Punkte:

Was wird in der Prüfung **verlangt**, erwartet, abgefragt?

Welcher **Typ von Prüfung** kommt auf Sie zu (schriftlicher Test, mündliche Prüfung, Referat, Klausur, Multiple Choice, Vortrag halten vor Prüfern oder im Hörsaal, freies Schreiben über ein

Thema, schriftlichen Fragebogen abarbeiten, Aufgaben wie Rechnen lösen mit Lösungsschritten, spontane freie Rede oder vorbereiteten Vortrag halten)?

Wie viel **Zeit** habe ich **für die Lösung** der Aufgaben?

Welchen **formalen Ablauf** hat der Test (Ort, Raum, wer ist anwesend, wer fragt in welcher Reihenfolge, wie ist die Sitzordnung)?

Worauf mag wohl **Wertgelegt** werden in der Prüfung?

Wer ist dabei, schaut zu, hört mit, wer prüft?

Welche Kleidung ist angebracht, sinnvoll und bequem?

Was kann schlimmstenfalls passieren?

Welche Informationsquellen können Sie nutzen, um all diese wichtigen Infos vor dem Test zu bekommen (der Prüfer selbst, Kollegen, Freunde, das Internet, Broschüren, Tutoren, Prüfungsrichtlinien, Menschen, die diese Prüfung schon hinter sich haben, ein persönliches Vorgespräch mit dem Prüfer/Professor)?

- Haben Sie **Defizite** bei sich entdeckt? Wie können Sie diese (Wissens-) **Lücken** bis zur Prüfung **füllen**? Oder wie können Sie Ihre **Arbeitsweise** so **verändern**, dass Sie optimaler zum Ziel kommen? Es gibt Dinge, die sich auf das reine Wissen beziehen. Aber **auch** in Ihrer **Außendarstellung** können Mängel vorhanden sein. Tragen Sie vielleicht Ihr Wissen **zu hektisch** vor? **Schreiben** Sie zu **undeutlich**? Kann man Sie **nicht verstehen**, weil Sie zu kompliziert denken oder zu viel bei Ihren Zuhörern voraussetzen – ja reden Sie in Fachchinesisch? Haben Sie wissenschaftliche Scheuklappen? Arbeiten Sie an Ihrer **Kommunikation**, denn man muss Sie auch verstehen können. Was nutzt Ihr brillantes Wissen, wenn es keiner mehr kapiert? Deshalb ist eine Überprüfung durch Außenstehende so wichtig. Müssen Sie einen Vortrag halten? Dann starten Sie ihn doch mal probeweise vor Kollegen, Freunden oder solchen, die die Prüfung schon hinter sich haben. So können Sie Ihre Darstellung und Ihr Gesprächsverhalten optimieren. Ganz besonders wichtig ist das, wenn Sie vor einer ganzen Prüfungskommission sitzen und dort in die Zange genommen werden. Solche Situationen müssen Sie unbedingt vorher üben.

- **Planen Sie mal Zeitmanagement.** Wie das geht? Ganz einfach: Tragen Sie auf einem großen Kalenderblatt, das Sie sich selber zeichnen können, Ihren Wochenplan mit allen Terminen ein. Legen Sie für jeden Tag den Umfang Ihrer Vorbereitungszeit auf die Prüfung fest. Organisieren Sie eine realistische Zeiteinteilung, bei der berufliche wie auch private Termine berücksichtigt sein müssen. Und halten Sie sich an die Zeiteinteilung. Arbeiten Sie Ihren Plan konsequent und diszipliniert ab. Würden Sie nämlich die Vorbereitungszeit unrealistisch eintragen, kämen Sie zwangsläufig irgendwann unter Druck. Das erhöht wiederum die Angst. In Ihren Tagesplan gehören auch Zeiten der Erholung, Pausen und für angenehme Dinge, mit denen Sie sich belohnen dürfen.

- Schaffen Sie **günstige Arbeitsbedingungen,** zum Beispiel so: Haben Sie eine Theorieprüfung vor der Brust, also hauptsächlich Schreibtischarbeit, dann sollten Sie die an einem **aufgeräumten Arbeitsplatz** erledigen. Er muss **gut beleuchtet** sein. Verbannen Sie alle Gegenstände, die Sie ablenken könnten: Bilder von Kindern oder sonstigen Familienangehörigen, Spielzeug wie Puppen oder Teddybären, Aschenbecher oder Pralinenschachtel. Aber er sollte schon **angenehm** sein, etwa mit einer Blume oder Kerze versehen. Die Arbeitsatmosphäre soll Sie ja animieren zu lernen. Deshalb müssen alle erforderlichen Gegenstände wie Papier, Stift, Lineal und Bücher greifbar in der Nähe sein. Alle Personen in Ihrer Nähe wie Partner oder Kinder, Geschwister sollten darüber informiert sein, dass Sie jetzt konzentriert lernen und nicht gestört werden wollen. Teilen Sie ihnen vorher Ihre Arbeitszeiten mit, in denen Sie nicht gestört werden wollen. Ihr **Handy** sollte auch **abgeschaltet** sein. Ein Telefon muss nicht in der Nähe sein.

- **Effektive Lernmethoden** sind das A und O neben den Rahmenbedingungen und den Plänen für einen Prüfungserfolg und gegen die Angst. Sie prägen sich den Stoff nur ein, wenn er Ihnen erstens liegt und zweitens Sie eine gute Methode haben, ihn auch zu behalten. Prüfen Sie sich selbst auf dem Weg zum sicheren Einprägen, indem Sie sich hin und wieder mal abfragen lassen. Dann haben Sie die Kontrolle und Gewissheit, ob Sie noch „nachsitzen" müssen oder schon bereit für die Prüfung sind. Das gibt Selbstsicherheit und baut Prüfungsängste ab.

- Nutzen Sie die Kraft verschiedener **Entspannungsverfahren** wie Autogenes Training, Atemübungen, Yoga oder Progressive Muskelentspannung. Denn Angst, Unruhe, Nervosität und Anspannung verhindern eine gute Vorbereitung, wenn sie überhandnehmen. Lampenfieber zum Beispiel steigert zunächst einmal die Leistung. Ist es aber zu groß, lähmt es.

Entspannungsübungen kann man heutzutage schon über CDs lernen und beherrschen. Es gibt aber auch gute Bücher oder Kurse in der Volkshochschule zum Beispiel. Verdrängen Sie **negative Horrorgedanken** über Prüfungen. Sie machen Ihnen sonst einen gewaltigen Strich durch die Konzentrationsrechnung. Sie wissen ja: Gedanken und Gefühle hängen eng beieinander. Spüren Sie deshalb Ihre **Angstgedanken** auf. Überprüfen Sie diese auf **Realität** und ihren **Wahrheitsgehalt**. Meistens nämlich sind die ersten Gedanken quasi in Schockstarre entstanden, wie es uns so oft im täglichen Leben ergeht. Wir haben einen Unfall und sehen Blut. Der erste Gedanke ist: „Ich bin ganz schlimm verletzt!" Aber in Wirklichkeit ist es nur eine Schramme.

Oder wir haben unsere Geldbörse verloren. Gleich entstehen Horrorszenarien: „Ich habe ganz viel Geld verloren. Die Welt bricht zusammen. Meine ganzen Papiere sind weg." Diese Weltuntergangsstimmung ist zwar aus Sicht des Betroffenen nachfühlbar, entspricht aber nicht der Realität. Meist relativiert sich das alles, wenn man einen Moment abwartet. Wir neigen dazu, im Moment des Schreckens falsch zu reagieren. Man sollte einfach kurz innehalten, einmal tief durchatmen und dann nach einer Lösung suchen beziehungsweise die Situation neu bewerten. Manchmal finden sich ganz passable Lösungen.

So ist es auch mit der Prüfungsangst. Wer plötzlich von ihr betroffen ist, sollte einen Moment erst mal tief einatmen, den Atem anhalten und langsam wieder ausatmen, bevor er überhaupt reagiert oder etwas sagt. „Wer wird denn gleich an die Decke gehen?" aus einer alten Zigarettenwerbung sollten wir uns öfter vor Augen halten. Manche Menschen reagieren geradezu hysterisch, panikartig – auch im Angesicht von Prüfungen. Man sollte sich immer selbst sagen: Nur eine Situation im Leben ist wirklich zum Heulen: der Tod. Denn der ist endgültig. Für alles andere gibt es Lösungen, Auswege, so auch mit der Prüfung und deren Vorbereitung. Man muss nicht in Panik geraten. Hinterher – wenn die Prüfung (gut) gelaufen ist – lacht man sowieso darüber und wundert sich über sich selbst: „Warum bin ich nur so aufgeregt gewesen? Das war doch gar nicht nötig!"

Uns fehlt oft die Gelassenheit zum Abwarten. Wir meinen, sofort reagieren zu müssen und dann auch noch falsch. In Angst treffen wir keine guten Entscheidungen. So auch Gedanken im Angesicht von Prüfungen wie „Ich kann nichts." – „Ich schaffe die Prüfung nicht." Wir verallgemeinern schnell und brechen in **Katastrophenphantasien** aus. Diese müssen Sie deshalb schnell durch **realistische, Angst senkende Gedanken ersetzen** wie: „Es ist zwar noch eine Menge zu tun, aber ich bin schon ein gutes Stück weitergekommen." Gehen Sie der ganzen Sache auch mit einer Spur **Sarkasmus** entgegen und sagen sich: „, Wenn ich in die Prüfung gehe, dann könnte ruhig mal ein anderer Fehler machen." Oder: „Heute ist ein anderer dran mit den Fehlern, ich doch nicht!"

- Man kann auch schnell zu Mitteln der **Autosuggestion** greifen, wenn Sie spüren, dass eine **Panikattacke** in Anmarsch ist. Mit Mitteln der Autosuggestion, wenn Sie sie vorher geübt haben und darauf sozusagen anschlagen, geben Sie **Befehle** an Ihr **Unterbewusstsein**. Und dieses übernimmt sie dann als reale Botschaften, denen Sie unterbewusst folgen. Wie gesagt, Sie müssen vorher schon damit gearbeitet haben. So einfach aus dem Blauen heraus klappt es natürlich nicht. Autosuggestion nennt man ja auch die Eigengehirnwäsche, und das erfordert Übungen in Form von Formeln und Sätzen, die Sie sich gebetsmühlenartig ständig selbst laut oder leise wiederholen: „Die Prüfung ist nicht schwer. Ich kann den Stoff. Ich schaffe die Prüfung. Ich habe mich gut vorbereitet. Ich weiß alles." Wenn Sie also plötzlich vor der Prüfung Angst bekommen sollten, dann kramen Sie ganz schnell einen vorbereiteten **Zettel** aus der Tasche, auf denen solche **Formeln** stehen. Denn manchmal ist man ja so kopflos, dass man selbst die Suggestivsätze nicht mehr schafft. Und dann lesen Sie sich laut diese aufmunternden Formeln vor. Das hilft gegen den plötzlichen Anfall und gegen die Prüfungsangst. Und dann kommt da noch die Sache mit der **Bewertung**.

- Sehen Sie die **Prüfung nie als eine Bedrohung**, sondern immer zuallererst als eine **Chance** – im Leben weiterzukommen. Wir bewerten Resultate einfach zu selbstkritisch und zu dramatisch. Wenn wir mal eine Prüfung oder auch nur eine Frage in der Prüfung nicht geschafft haben, dann kommen gleich Gedanken wie „Mein ganzes Leben ist verpfuscht!". Falsch! Jede Niederlage im Leben, jede fehlgeschlagene Prüfung ist auch eine Chance zum Neuanfang, zum Bessermachen. Setzen Sie sich auf Ihren Hosenboden und verfallen nicht in Selbstmitleid. Analysieren Sie Ihre Fehler. Was und warum haben Sie eine Frage falsch beantwortet? Gehen Sie dem auf den Grund. Das wird Ihnen nicht wieder passieren. Aus Fehlern lernen heißt es ja. Auferstanden aus Ruinen, um einen historischen Spruch zu bemühen. Fehler, Niederlagen machen Sie stark. Danach gewinnen Sie wieder, weil Sie nämlich nicht nur einen Fehler erkannt haben, sondern das ganze System dahinter durchschauen. Sie gehen künftig Prüfungen ganz anders an. Wer nie im Leben eine Niederlage erlitten hat, wird zum echten Weichei. Den haut dann wirklich mal ein Fehler um. Perfektionisten sind solche Kandidaten, Streber, Alleskönner. Wir wollen aber auf dem Teppich bleiben – und langfristig erfolgreich sein.

PROFESSIONELLE HILFE

Von Pillen und Therapien

Es gibt natürlich auch Fälle von extremer Prüfungsangst, die professionell behandelt werden müssen. Nehmen wir den Prüfling, der andauernd nur an den Test denkt und darüber einfach nicht mehr lernen kann. Der hat schon Angst, ein Buch aufzuschlagen. Der zittert andauernd, kann sich nicht mehr konzentrieren und kommt ständig in Schweißausbrüche. Da hilft wirklich nur der Rat eines Psychotherapeuten.

Vor allem muss hier der Grund seiner extremen Prüfungsangst erst einmal herausgefunden werden, bevor man gezielt mit Gesprächen, Gruppentherapie, Verhaltenstherapie und auch mit Medikamenten ansetzt. Man wird in einem solchen Fall wie bei jeder anderen Phobie (Angst) erst einmal mit Tabletten ansetzen. Es gibt gute Medikamente, die schnell wirken, „Tavor" zum Beispiel. Aber das muss der Arzt entscheiden. Er stellt fest, welche Art von Angst es ist. Das kann man heutzutage relativ gut. Bei psychischen Erkrankungen hat man keine Blutparameter oder kann nicht anhand von Röntgenaufnahmen krankhafte Veränderungen feststellen. Aber in der Angstdiagnose fragt der

Arzt ab, unter welchen Symptomen der Patient leidet: zittrige Hände, Schlaflosigkeit, Herzrasen, nächtliche Bilder oder Stimmen und vieles mehr.

Die Psychologie hat hier ziemlich klare Vorstellungen und auch Antworten, wie das einzuordnen ist. Anhand der vom Patienten geschilderten Beschwerden kann der Arzt eine Diagnose erstellen, die in den international anerkannten ID-Schlüssel einsortiert werden kann: schwere Depression, mittelschwere depressive Episode, Verhaltensstörungen, gespaltene Persönlichkeit, Panikattacken, Angst, ja auch dann Prüfungs-Angst.

Und nach der Diagnose wird er entsprechende Medikamente, Psychopharmaka, verordnen, die relativ schnell die Angst nehmen. Man kennt das ja, wenn Manager kurz vor Abflug ihren Tablettenstreifen aus dem Jackett ziehen und hastig eine Pille schlucken. Das nimmt dann punktuell und situationsbedingt die Angst, hier vor dem Flug. In der professionellen Angsttherapie vor Prüfungen oder im Umgang mit Prüfungen und deren Vorbereitungen wird der Arzt, Neurologe oder Psychotherapeut dann bei reduzierten Angstsymptomen mit einer Therapie ansetzen. In Gesprächen will er zum Kern der Angst. Was ist der Auslöser? Woher kommt die extreme Prüfungsangst? Wie kann man dem Patienten die Angst langsam nehmen? Ein sehr gängiges Mittel ist hier die Konfrontationsmethode. Man bringt den Patienten nach einer gewissen Zeit, wenn er etwas stabilisiert ist, mit dem Stressor in Konfrontation, hier mit der Prüfung oder der Vorbereitung. Der Therapeut wird Prüfungssituationen nachstellen und mit dem Patienten üben.

Anfangs wird der Kandidat vielleicht den Stresstest noch abbrechen, weil ihm das immer noch zu bedrohlich erscheint. Dann aber spricht der Therapeut mit ihm darüber: Was war so bedrohlich, warum? Wie könnte es angenehmer sein? Muss man sich besser vorbereiten oder muss die Situation „familiärer" werden, also erträglicher, angenehmer? Die Konfrontations-Methode führt am Ende dazu, dass der unter Prüfungsangst Leidende immer mehr an die Prüfung herangeführt wird. Manche Leute, die unter Prüfungsangst leiden, trauen sich ja gar nicht mehr unter Menschen. Hier wird Ziel der Therapie sein, erst einmal wieder unter Menschen zu gehen, sich dort sicher zu fühlen.

Zugegeben, es ist ein langer und mühsamer Weg. Aber nur so geht's. Manchmal müssen solche Patienten auch über einen längeren Zeitraum Psychopharmaka nehmen, selten ein Leben lang. Oft sind solche Pillen schnell wirkend und ein Segen für

Angstpatienten. Aber manche machen auch abhängig. Setzt man sie ab, hören auch die Angst hemmenden Wirkungen wieder auf. Deshalb ist eine begleitende Therapie auf jeden Fall wichtig. Hat man nämlich durch Sitzungen beim Psychologen seine Prüfungsangst abgebaut, braucht man keine Pillen mehr.

Selbsthilfe, Seminare, Bücher

Man kann sich auch erfolgreich selbst helfen – im Idealfall mit anderen Betroffenen! Am besten sind in dem Fall immer **Selbsthilfe-Gruppen**. Hier berichten Betroffene von ihren Erfahrungen im Umgang mit Prüfungsangst. Oft ist es hilfreich, von anderen zu hören, wie sie damit umgegangen sind und was ihnen geholfen hat. Häufig findet man ähnlich gelagerte Probleme oder Symptome. Wer hat es wie geschafft, mit Prüfungsangst umzugehen? Das kann durchaus Ansätze für eigene Lösungen oder auch nur Hilfen geben. Selbsthilfe-Gruppen werden manchmal sogar von den Volkshochschulen angeboten. Hilfreich ist auch ein Blick ins Internet. Der behandelnde Arzt kann ebenfalls dazu Tipps geben. Manchmal findet man auch im Kleinanzeigenteil Hinweise zu solchen Gruppen.

Natürlich gibt es auch Seminare zur Prüfungsangst. Die professionellen von Instituten sind allerdings recht teuer. Aber auch solche in der Volkshochschule können für Sie schon hilfreich sein. Sie sehen also, es gibt verschiedene Möglichkeiten, Hilfen zu bekommen.

Sinnvoll ist es auf jeden Fall, wenn Angstpatienten aus der Psychotherapie kommen, noch eine Zeitlang begleitend in einer Selbsthilfe-Gruppe zu verweilen. Manchmal bietet sich auch ein sanfter Übergang von der klinischen Therapie in eine Tagesklinik an. Hier schläft man zu Hause und bewältigt tagsüber seinen Alltag unter professioneller Betreuung in einer Tageseinrichtung.

SCHLUSSWORT

Zu Guter Letzt ein Tipp: Nutzen Sie Ihre Prüfungsangst sinnvoll!

Wie ist das denn nun gemeint, die Prüfungsangst sinnvoll zu nutzen, wenn man selbst Betroffener ist? Prüfungsangst hat auch einen gewissen kreativen Teil. Man ist gespannt bis angespannt, von hoher Aufmerksamkeit, quasi voll in den Startlöchern. Nutzen Sie diese angespannte Aufmerksamkeit für den kompletten Abruf Ihres Wissens, für ein optimales Ergebnis. Wandeln Sie Prüfungsangst in Energie um. Gehen Sie mit positiven Botschaften in den nächsten Test: „Ja, ich kann!" So wie US-Präsident Obama seine Wahl gewonnen hat: „Yes we can!" Sie können es doch. Sie haben intensiv gelernt. Und Sie schaffen die Prüfung. Sie müssen nur kurz vor der Prüfung Ihre eventuell noch vorhandenen negativen Gedanken in positive umlenken. Dann klappt es auch mit der Prüfung – ohne Angst!

 Jörg Willems (*1964) arbeitet als freier Autor, Redakteur und Medienberater. Er hat unzählige Bücher als Herausgeber in verschiedenen Verlagen redaktionell begleitet und einige Ratgeberbücher zu verschiedenen Themen geschrieben und auch als E-Books umgewandelt. Jörg Willems ist Mitglied des Deutschen Fachjournalistenverbandes (DFJV) und Gründungsmitglied der Initiativgruppe www.kleinverlage-online.de.

Weitere Ratgeberbücher finden Sie auf www.joewis-ratgeber.de.

Buchempfehlung

Dieser Ratgeber kann bereits jetzt beim Autor vorbe-
stellt werden. Erscheint Anfang Dezember 2020 zum
Preis von 12,80 €.

Bestelladresse: joewi@mail.de